guests

guests

_____

_____

_____

_____

_____

_____

_____

_____

_____

_____

_____

_____

_____

guests

_____   _____

_____

_____   _____

_____

_____   _____

_____

_____   _____

_____

_____   _____

guests

_____   _____

_____   _____

_____   _____

_____   _____

_____   _____

                                 _____

guests

_____

_____

_____

_____

_____

_____

_____

_____

_____

_____

_____

_____

_____

_____

guests

_____

_____

_____

_____

_____

_____

_____

_____

_____

_____

_____

_____

_____

_____

_____

guests

_____   _____

_____   _____

_____   _____

_____   _____

_____   _____

_____   _____

_____   _____

_____

guests

_____   _____

_____   _____

_____   _____

_____   _____

_____   _____

                                          _____

                                          _____

                                          _____

                                          _____

                                          _____

guests

_____   _____

_____   _____

_____   _____

_____   _____

    _____

    _____

    _____

    _____

    _____

    _____

guests

_____   _____

                                 _____

                                 _____

_____   _____

                                 _____

                                 _____

_____   _____

                                 _____

                                 _____

_____   _____

                                 _____

guests

_____   _____

_____   _____

_____   _____

_____   _____

_____

_____

_____

_____

_____

_____

guests

_____   _____

_____   _____

_____   _____

_____   _____

_____   _____

_____   _____

_____   _____

_____   _____

guests

_____   _____

_____   _____

_____   _____

_____   _____

_____   _____

_____   _____

_____   _____

_____

guests

_____   _____

_____   _____

_____   _____

_____   _____

_____   _____

_____   _____

_____   _____

_____

guests

_____

_____

_____

_____

_____

_____

_____

_____

_____

_____

_____

_____

_____

_____

_____

_____

guests

_____   _____

_____   _____

_____   _____

_____   _____

                                          _____

                                          _____

                                          _____

                                          _____

guests

_____   _____

_____   _____

_____   _____

_____   _____

_____

_____

_____

_____

_____

_____

guests

_____   _____

                                 _____

                                 _____

_____   _____

                                 _____

                                 _____

_____   _____

                                 _____

                                 _____

_____   _____

                                 _____

guests

_____

_____

_____

_____

_____

_____

_____

_____

_____

_____

_____

_____

_____

_____

_____

guests

_____   _____

_____

_____   _____

_____

_____   _____

_____

_____   _____

_____

_____

guests

_____

_____

_____

_____

_____

_____

_____

_____

_____

_____

_____

_____

_____

_____

_____

guests

_____   _____

                                    _____

_____   _____

                                    _____

_____   _____

                                    _____

_____   _____

                                    _____

guests

_____   _____

_____   _____

_____   _____

_____   _____

_____   _____

_____   _____

                                          _____

                                          _____

                                          _____

                                          _____

guests

_____   _____

_____

_____   _____

_____

_____   _____

_____

_____   _____

_____

guests

_____   _____

                                          _____

                                          _____

_____   _____

                                          _____

                                          _____

_____   _____

                                          _____

                                          _____

_____   _____

                                          _____

guests

_____   _____

                                            _____

_____   _____

                                            _____

                                            _____

_____   _____

                                            _____

                                            _____

_____   _____

                                            _____

guests

_____

_____

_____

_____

_____

_____

_____

_____

_____

_____

_____

_____

_____

_____

guests

_____   _____

                               _____

                               _____

_____   _____

                               _____

                               _____

_____   _____

                               _____

                               _____

_____   _____

                               _____

guests

_____   _____

_____   _____

_____   _____

_____   _____

           _____

           _____

           _____

           _____

           _____

           _____

guests

_____   _____

_____   _____

_____   _____

_____   _____

                             _____

                             _____

                             _____

                             _____

guests

_____   _____

                                             _____

                                             _____

_____   _____

                                             _____

                                             _____

_____   _____

                                             _____

                                             _____

_____   _____

                                             _____

                                             _____

guests

_____

_____

_____

_____

                                  _____

                                  _____

                                  _____

                                  _____

                                  _____

                                  _____

                                  _____

guests

_____   _____

                                    _____

                                    _____

_____   _____

                                    _____

                                    _____

_____   _____

                                    _____

                                    _____

_____   _____

                                    _____

guests

_____   _____

_____   _____

_____   _____

_____   _____

_____   _____

_____   _____

_____   _____

_____   _____

guests

_____   _____

_____

_____

_____   _____

_____

_____

_____   _____

_____

_____   _____

guests

_____   _____

_____

_____   _____

_____

_____   _____

_____

_____   _____

_____

_____

guests

_____   _____

                                                  _____

_____   _____

                                                  _____

                                                  _____

_____   _____

                                                  _____

                                                  _____

_____   _____

                                                  _____

                                                  _____

guests

_____   _____

_____   _____

_____   _____

_____   _____

_____   _____

_____   _____

_____   _____

_____

guests

_____   _____

_____   _____

_____   _____

_____   _____

_____   _____

                                          _____

                                          _____

                                          _____

                                          _____

                                          _____

guests

_____   _____

_____   _____

_____   _____

_____   _____

                           _____

                           _____

                           _____

                           _____

guests

_____

_____

_____

_____

_____

_____

_____

_____

_____

_____

_____

_____

_____

_____

_____

_____

guests

_____

_____

_____

_____

_____

_____

_____

_____

_____

_____

_____

_____

_____

guests

_____

_____

_____

_____

_____

_____

_____

_____

_____

_____

_____

_____

_____

_____

guests

_____   _____

_____

_____   _____

_____   _____

_____   _____

_____   _____

_____   _____

                                 _____

                                 _____

guests

_____   _____

_____

_____   _____

_____

_____   _____

_____

_____   _____

_____

guests

_____   _____

                                           _____

                                           _____

_____   _____

                                           _____

                                           _____

_____   _____

                                           _____

                                           _____

_____   _____

                                           _____

guests

_____   _____

_____

_____   _____

_____

_____   _____

_____

_____   _____

_____

_____   _____

_____

guests

_____

_____

_____

_____

_____

_____

_____

_____

_____

_____

_____

_____

_____

_____

guests

_____

_____

_____

_____

_____

_____

_____

_____

_____

_____

_____

_____

_____

_____

guests

_____   _____

_____

_____   _____

_____

_____   _____

_____

_____   _____

_____

guests

_____   _____

_____   _____

_____   _____

_____   _____

_____

_____

_____

_____

_____

_____

guests

_____ _____

_____

_____ _____

_____ _____

_____

_____ _____

_____ _____

_____

_____ _____

_____ _____

_____

guests

_____   _____

                                          _____

                                          _____

_____   _____

                                          _____

                                          _____

_____   _____

                                          _____

                                          _____

_____   _____

                                          _____

guests

_____   _____

_____   _____

                                 _____

_____   _____

                                 _____

                                 _____

_____   _____

                                 _____

                                 _____

_____   _____

                                 _____

guests

_____   _____

_____

_____   _____

_____

_____   _____

_____

_____   _____

_____

_____

_____

guests

_____   _____

_____   _____

                                 _____

_____   _____

                                 _____

                                 _____

_____   _____

                                 _____

                                 _____

_____   _____

                                 _____

guests

_____

_____

_____

_____

_____

_____

_____

_____

_____

_____

_____

_____

_____

_____

_____

_____

guests

_____   _____

_____   _____

_____   _____

_____   _____

                                   _____

                                   _____

                                   _____

guests

_____

_____

_____

_____

_____

_____

_____

_____

_____

_____

_____

_____

_____

_____

_____

guests

_____   _____

_____   _____

_____   _____

_____   _____

_____   _____

_____   _____

_____   _____

_____

_____

guests

_____   _____

                                           _____

                                           _____

_____   _____

                                           _____

                                           _____

_____   _____

                                           _____

                                           _____

_____   _____

                                           _____

                                           _____

guests

_____   _____

_____   _____

_____   _____

_____   _____

                                 _____

                                 _____

                                 _____

                                 _____

guests

_____   _____

_____

_____

_____   _____

_____

_____

_____   _____

_____

_____

_____   _____

_____

_____

guests

guests

_____

_____

_____

_____

guests

_____

_____

_____

_____

_____

_____

_____

_____

_____

_____

_____

_____

_____

guests

_____   _____

                                          _____

                                          _____

_____   _____

                                          _____

                                          _____

_____   _____

                                          _____

                                          _____

_____   _____

                                          _____

                                          _____

guests

guests

_____

_____

_____

_____

_____

_____

_____

_____

_____

_____

_____

_____

_____

_____

_____

_____

guests

_____   _____

                                         _____

                                         _____

_____   _____

                                         _____

                                         _____

_____   _____

                                         _____

                                         _____

_____   _____

                                         _____

guests

_____   _____

_____   _____

_____   _____

_____   _____

_____

_____

_____

_____

_____

_____

_____

guests

_____   _____

_____   _____

_____   _____

_____   _____

                                                    _____

                                                    _____

                                                    _____

                                                    _____

                                                    _____

                                                    _____

guests

_____   _____

    _____

_____   _____

    _____

    _____

_____   _____

    _____

    _____

_____   _____

    _____

guests

_____   _____

_____   _____

_____   _____

_____   _____

                                 _____

                                 _____

                                 _____

                                 _____

                                 _____

guests

_____

_____

_____

_____

_____

_____

_____

_____

_____

_____

_____

_____

_____

guests

_____

_____

_____

_____

_____

_____

_____

_____

_____

_____

_____

_____

_____

guests

_____

_____

_____

_____

_____

_____

_____

_____

_____

_____

_____

_____

_____

_____

_____

guests

_____   _____

_____   _____

_____   _____

_____   _____

_____   _____

_____   _____

                                     _____

                                     _____

guests

_____

_____

_____

_____

_____

_____

_____

_____

_____

_____

_____

_____

_____

_____

_____

guests

_____   _____

_____

_____   _____

_____

_____   _____

_____

_____   _____

_____

_____

guests

_____   _____

                                 _____

                                 _____

_____   _____

                                 _____

                                 _____

_____   _____

                                 _____

                                 _____

_____   _____

                                 _____

guests

_____   _____

                                         _____

                                         _____

_____   _____

                                         _____

                                         _____

_____   _____

                                         _____

                                         _____

_____   _____

                                         _____

guests

_____   _____

_____   _____

_____   _____

_____   _____

_____   _____

_____   _____

_____   _____

_____   _____

_____   _____

guests

_____

_____

_____

_____

_____

_____

_____

_____

_____

_____

_____

guests

_____   _____

_____   _____

_____   _____

_____   _____

                                 _____

                                 _____

                                 _____

                                 _____

                                 _____

                                 _____

                                 _____

guests

_____   _____

_____   _____

_____   _____

_____   _____

_____   _____

_____

_____

_____

guests

_____

_____

_____

_____

_____

_____

_____

_____

_____

_____

_____

_____

_____

guests

_____

_____

_____

_____

_____

_____

_____

_____

_____

_____

_____

_____

_____

guests

_____   _____

                                          _____

                                          _____

_____   _____

                                          _____

                                          _____

_____   _____

                                          _____

                                          _____

_____   _____

                                          _____

guests

_____   _____

_____   _____

_____   _____

_____   _____

_____   _____

_____   _____

_____   _____

_____

guests

_____   _____

_____   _____

_____   _____

_____   _____

_____   _____

_____   _____

_____   _____

_____

guests

_____   _____

_____   _____

_____   _____

_____   _____

_____

_____

_____

guests

_____   _____

                                          _____

                                          _____

_____   _____

                                          _____

                                          _____

_____   _____

                                          _____

                                          _____

_____   _____

                                          _____

guests

_____   _____

_____   _____

_____   _____

_____   _____

_____   _____

_____   _____

_____

_____

guests

_____   _____

_____

_____   _____

_____

_____   _____

_____

_____   _____

_____

_____

guests

_____   _____

_____   _____

_____   _____

_____   _____

_____   _____

                                      _____

                                      _____

                                      _____

guests

_____   _____

_____   _____

_____   _____

_____   _____

_____   _____

_____   _____

_____   _____

_____   _____

guests

_____   _____

_____   _____

_____   _____

_____   _____

_____   _____

_____   _____

_____   _____

guests

_____   _____

_____   _____

_____   _____

_____   _____

                                         _____

                                         _____

                                         _____

                                         _____

                                         _____

                                         _____

                                         _____

guests

_____   _____

_____   _____

_____   _____

_____   _____

                                      _____

                                      _____

                                      _____

                                      _____

                                      _____

                                      _____

Made in the USA
Monee, IL
09 April 2025

15441320R00057